TABLEAU GÉNÉRAL

DE LA

NOBLESSE DES BAILLIAGES

DE

BLOIS ET ROMORANTIN

EN

M DCC LXXXIX

PARIS
AUGUSTE AUBRY, LIBRAIRE
16, rue Dauphine.

—

M DCCC LXIII.

TABLEAU

DE LA

NOBLESSE DES BAILLIAGES DE BLOIS

ET ROMORANTIN

Tiré à 200 exemplaires.

TABLEAU GÉNÉRAL

DE LA

NOBLESSE DES BAILLIAGES

DE

BLOIS ET ROMORANTIN

EN

M DCC LXXXIX

PARIS
AUGUSTE AUBRY, LIBRAIRE
16, rue Dauphine.

M DCCC LXIII.

Le bailliage de Blois, produit d'acquisitions et d'alliances successives, s'étendait sur plusieurs provinces. Au midi, il s'avançait jusqu'à Châteauroux, où la rue d'Indre était de sa mouvance; il enclavait ainsi une très-grande partie des cantons de Levroux, St-Christophe, Vatan, Valençay, Saint-Aignan et Celles-sur-Cher. Dans l'ouest, il se terminait à Monthou-sur-Cher, laissant au delà de ses limites la ville de Montrichard et toutes les communes occidentales de ce canton. Au nord, il enserrait le Dunois, se terminait dans la Beauce par une saillie très-allongée, dont la commune de Rabestan était le point extrême, puis se repliait, au nord-ouest, sur la frontière du duché, aujourd'hui l'arrondissement de Vendôme. A l'est, il prenait, sur la rive droite de la Loire, la ville de Baugency, et, sur l'autre rive, se reliait au bailliage de Romorantin.

Celui-ci, à l'est, se composait des communes de Souesmes et Vouzon, au nord, des communes de Duizon et Auteroche. Au midi, Mennetou et Villefranche, à l'ouest, le bailliage de Blois formaient les limites de son ressort : c'était la moitié, à peine, de l'arrondissement actuel de Romorantin.

Toute cette superficie, qui représentait le comté de Blois, la vicomté de Dunois, la baronnie de Romorantin, renfermait un des plus célèbres et des plus vastes fiefs de l'ancien royaume de France, d'où relevaient les grandes terres féodales de Valençay, Saint-Aignan, Baugency, La Ferté-Beauharnais, Cheverny, Celles-sur-Cher, etc. Le long séjour de la cour, sur les rives de la Loire, y avait appelé une illustre et nombreuse noblesse; ce sont, pour la plupart, ses descendants qui figurent encore dans le *Tableau général*, pour les élections aux Etats de 1789. Comme une grande partie de la haute aristocratie de France, la noblesse blésoise montra des idées très-avancées; son *Cahier* est un de ceux où sont présentés les projets de réformes les plus hardis, réformes dont elle devait être si promptement victime !

Notre publication a été faite à l'aide de deux documents authentiques : le Procès-Verbal manuscrit de comparution de la noblesse des bailliages de Blois et Romorantin, en date des 18 et 19 mars 1789, et le *Tableau général*, publié peu de temps après. Malheureusement, les noms de personnes et de lieux, surtout à l'égard des membres de la noblesse qui n'ont pas comparu ou qui ont été représentés, sont écrits, dans ces deux documents, d'une manière souvent incorrecte. Nous en avons rétabli l'orthographe de notre mieux. Nous avons même ajouté quelques mots à certains articles, pour les compléter, et toujours d'après des renseignements certains. Mais, plus d'une fois, les moyens de vérifier ou de compléter nous ont fait défaut, et notre réimpression laisse, nous l'avouons, à désirer sous ce rapport.

Nous devons encore signaler une omission faite à dessein dans cette publication. Nous n'avons pas tenu compte des observations contenues au Procès-Verbal, à l'égard des titres et qualités que l'assemblée refusa de reconnaître à quelques-uns de ses membres. Comme ces observations n'ont pas été reproduites dans le Tableau imprimé, nous avons fait de même, supposant que la justification avait eu lieu depuis la réunion de la noblesse, et ne voulant pas paraître contester leurs titres à plusieurs familles encore existantes et dont l'ancienneté de race est de toute notoriété.

L. D. L. S.

TABLEAU GÉNÉRAL

DE LA

NOBLESSE DU BAILLIAGE DE BLOIS

ET DE ROMORANTIN (¹).

A.

Aiglhoust (de l'). Voyez Moreau de Brézolles.
Albert (Louis-Joseph-Charles-Amable d'), duc de Luynes et de Chevreuse, prince de Neufchâtel et de Valangin, en Suisse, et d'Orange, pair de France, comte de Dunois, baron de Marchenoir et Fréteval. R.
Alès (Pierre-Louis-Hugues, vicomte d'), chevalier novice de l'ordre de St-Lazare, Sgr du Corbet.
Alès (D^{lle} Geneviève d'), dame de Richeville, en Dunois. R.
Amelot (René-Michel, marquis), Sgr du Gué-Péan.
Ambrun (Antoine-Pierre-Henry d'), chevalier, capitaine-commandant au régiment Royal-Piémont, cavalerie, Sgr de Mishardouin, la Chapelle, Villemont, les grand et petit Doricy, Herbelay et la Touche-Bredière. R.
Ambrun (..... d'), Sgr d'un fief en la paroisse de la Chapelle-du-Noyer. N. C.
Arlanges (Charles-François d'), V. de Gallon.

(¹) Explication des abréviations : R., *représenté;* N. C., *non comparu;* S. d. d. f., *Sans désignation de fief;* V., *voyez.*

Arlanges (..... d'), Sgr des Loges et Buissons-Landinières, paroisse du Gault. N. C.

Aunay de Villemessant (Philippe de l'), chevalier de St-Louis. Sans désignation de fief.

Authay (..... d'), comte de Faverolles, Sgr des Roches. N. C.

Authay (Athanase-Bertrand d'), chevalier, capitaine au bataillon de garnison du régiment de Bassigny, Sgr des Roches, paroisse de Faverolles.

Auvergne (Hippolyte d'), chevalier, capitaine des Invalides, chevalier de St-Louis, Sgr de la Maison-Fort de Meusnes. R.

Auvergne (le chevalier Hippolyte d'), chevalier de St-Louis, Sgr de Chevenet.

Auvergne (Jaques-Amable d'), lieutenant-colonel de cavalerie, chevalier de St-Louis, Sgr de Chevenet, paroisse de Paulmery.

Auvergne (..... d'), Sgr des Coignées, paroisse de Luçay. N. C.

B.

Bachod (.....), Sgr de l'Ebat, paroisse de Cheverny. N. C.

Bailli de S. Marc (Pierre-Louis-Gabriel), chevalier, Sgr de Tremblevif, Villebrosse et autres lieux.

Barbançon (..... de), Sgr de Marmagne, paroisse de Tremblevif. N. C.

Barre (..... de la), Sgr de la Barre, paroisse d'Autainville. N. C.

Baudry (François-Joseph-Claude de), écuyer, Sgr de la Blandinière, paroisse de Lorges. R.

Bassonnière (D[lle] ... de la), dame de la Noue, paroisse de Veilleins. N. C.

Beaucé (..... de), Sgr d'un fief en la paroisse de Bazoche. N. C.

Beauchamps (D[lle] ..... de), dame de la Momerie, paroisse de Mur. N. C.

Beauharnois (François, marquis de), capitaine de dragons, Sgr de Mauvoy. R.

Beauharnois (Alexandre-François-Marie, vicomte de), major en second du régiment de la Fère, infanterie, Sgr de la Ferté-Beauharnois.

Beaumont (Christophe-Marie, comte de), capitaine au régiment Royal-Lorraine. S. d. d. f. R.

Beaumont de Mézières (..... de), propriétaire de fiefs en la paroisse de Binas. N. C.

Beaurepaire (Anne de), ancien officier d'artillerie. S. d. d. f.

Beauvillier (Paul-Marie-Victoire de), duc de Saint-Aignan, pair de France, Sgr de Saint-Aignan, Chémery et autres lieux. R.

Beauxoncles (Jules-Eléonore, marquis de), Sgr de la châtellenie de Viévy.
Beauxoncles (Fidèle-Eléonore-Aymé, comte de). S. d. d. f.
Beauxoncles (D^{lle}..... de), dame de Villeromard et Villemont. R.
Bégon (Claude-Michel-Jérôme-Etienne), chevalier, capitaine des vaisseaux du Roy, chevalier de St-Louis, Sgr de la Sistière.
Belet (Michel-Paul-Augustin-Antoine de) chevalier, Sgr de la Fontenelle.
Bellanger (D^{me}..... veuve), dame de Boisguérin et Boisseleau. R.
Belot de Laleu (Guillaume-Valentin), chevalier, ancien major dans le régiment-mestre-de-camp-général, cavalerie, chevalier de St-Louis, Sgr de Laleu.
Berment (Jean-Baptiste-Alexandre de), chevalier, ancien chevau-leger de la garde du Roy et capitaine de cavalerie. S. d. d. f.
Bernardon (Charles-Alexandre de), chevalier, Sgr de la Masse, ou Musse. R.
Bernardon de Bouville (Jean-Baptiste-Pierre-Paulin de), écuyer. S. d. d. f. R.
Berthereau de la Giraudière (.....), Sgr d'un fief en la paroisse de Villeny. N. C.
Besnard de Saint-Loup (Claude Nicolas), chevalier, capitaine au régiment de Languedoc, infanterie, Sgr de Saint-Loup.
Besnard de Saint-Loup (D^{me}.....), dame de la Chesnaye, paroisse de Chailles. N. C.
Bethune (....., marquis de), Sgr de Chabris. N. C.
Beziade (Claude-Antoine de), marquis d'Avaray, Sgr d'Avaray, le Tertre, Lestiou, Lassay. R.
Bloix (Louis le), écuyer, officier au régiment de la Couronne, Sgr de la Pornerie, paroisse de Croy.
Bodin (François de), chevalier, Sgr de Boisregnard. R.
Bodin (Louis-Joseph de), chevalier, ancien capitaine d'infanterie, chevalier de St-Louis, Sgr des Vaux. R.
Boësnier (Pierre-Paul), écuyer, Sgr du fief de Laurière, paroisse de Seur.
Boësnier de Clairvaux (Jacques), écuyer. S. d. d. f.
Boisgueret (Christophe-François de), écuyer, chevalier de St-Louis, Sgr de la Vallière et du fief de Villemarsault.
Boisgueret (enfants mineurs), pour leur fief de la Motte, paroisse de Vernou. N. C.
Boisguyon (Gabriel-Nicolas-François de), Sgr de la Haloyère, ou Jaloyère, paroisse de l'Auneray.

Boisguyon (Jean-Baptiste-François de), lieutenant au régiment Royal-Comtois, Sgr de Chauchepot. R.

Boisguyon (D^{me} ..... veuve de), dame de Berthaudier. R.

Boisguyon (D^{lle} ..... de), dame de la Blardière. R.

Boisvilliers (Charles de), chevalier, Sgr de la Dixme, paroisse de Fontenay.

Boisvilliers (Louis de), Sgr du Breuil, paroisse de Faverolles.

Boixcy, ou Boiscy (Joseph-Augustin de), Sgr de la Chapelle-de-Boixcy ou Boiscy. R.

Bol de la Brosse (... Le), Sgr d'un fief en la paroisse St-Lubin de Cloye. N. C.

Bongars (..... de). S. d. d. f.

Bonnafau (Pierre-Guillaume de), chevalier, écuyer ordinaire du Roy, Sgr d'Ouzouer-le-Marché et de Presque. R.

Bonnafau (..... de), chevalier de St-Louis, Sgr de Cicogné, en la paroisse de St-Léonard. N. C.

Bonnafau (Jean de), Sgr en partie de la seigneurie du Guéret, paroisse de Mareuil. R.

Bonnafau (D^{me}..... de), dame du Bois-Herpin. R.

Bonneau (.....), Sgr des Caboissières. N. C.

Bonneau de Villavrain (.....), Sgr de Villavrain. N. C.

Bouchet (Louis-Hilaire du), chevalier, comte de Dourches, chevalier de St-Louis. S. d. d. f.

Bourbon-Condé (S. A. S. Mademoiselle Louise-Adélaïde de), princesse du Sang, en sa qualité de dame marquise de Vatan.

Bourgneuf (Vincent-Louis du), chevalier, ancien capitaine d'infanterie, Sgr de Clamecy. R.

Boutault (René-Honoré), chevalier, garde de Mgr le comte d'Artois, frère du Roy, Sgr de Russy.

Boutault (Claude-François), écuyer, ancien capitaine au Régiment-Royal, infanterie. S. d. d. f.

Brachet (de), V. Colas de Malmusse.

Bruère (D^{me}..... de la), dame d'un fief en la paroisse de Brieu, ou Brielle. N. C.

Brunier (Abel-Philippe de), chevalier de St-Louis, Sgr de Chicheray. R.

Bulioud (Michel-Louis, comte de), Sgr de la Bosse et de Thiau, ou Theau. R.

Butel (Louis-François), écuyer, Sgr de Nuisement, paroisse d'Oucques.

C.

Candé (D^{me}... . de), dame de Candé. N. C. (¹).

Capelain (D^{me} Marie-Anne-Justine Le), épouse séparée de biens de M. Marc-René de Constantin, dame de Langé. R.

Cardin Le Bret (Paul-Charles), comte de Selles, chevalier, greffier en chef du Parlement de Paris, Sgr de Selles. R. (²).

Carré de Villebon (Marc), chevalier, Sgr à cause de son fief de la Robinière.

Cellier de Bouville (Jacques-Nicolas-Joseph), Sgr des grand et petit Bouville.

Chabault (Michel-Marc Antoine de), écuyer, Sgr des Raderets. R.

Champflé (..... de), Sgr d'un fief en la paroisse de Monthou-sur-Cher. N. C.

Chanoines et chapitre de l'église de Chartres, Sgrs de Lanneray.

Chanoines et chapitre de la Sainte-Chapelle de Dunois, Sgrs de Lestiou.

Chandellier de Cambre (Louis Le). V. Chateaubrun.

Charit (D^{me}....., veuve de). S. d. d. f. R.

Chastulé (..... comte de), Sgr de Chastulé. R.

Châteaubrun (D^{me} Gabrielle de Forges de), veuve de M. Louis Le Chandellier de Cambre, dame de Châteauvieux. N. C.

Châtillon (Augustin de), Sgr de la Garnerie et des Rousseaux. N. C.

Chaumont (Pierre-Alexandre de), chevalier, ancien capitaine au régiment d'Auvergne, chevalier de St-Louis, Sgr. de la Colombe et de la Touche.

Chaumont (D^{me}....., veuve de), dame de Chaumont et de la Tour. R.

Chemeau, ou Chesneau (....., comte de), Sgr de la Varenne, paroisse de Millançay. N. C.

Chépy (....., marquis de), Sgr de Chépy, paroisse de Moléans. N. C.

Chevalier d'Almont (Charles), chevalier, Sgr de Thou, paroisse de Salbris. R.

Chevalier (Jean-Baptiste), écuyer, maréchal de camp, ancien gouverneur de Chandernagor, Sgr de Conan.

Chollé (François-Hyacinthe de), écuyer, Sgr du fief de Moulins, paroisse de Contres.

(¹) Des Maussion de Candé, Sgrs de Candé.
(²) Celles-sur-Cher, *Cellæ apud Carum*, que l'on écrit à tort, *Selles*.

Chollé (..... de), Sgr de Minneray, ou Mimeray, et de Boisseleau. R.
Clerc (Jacques-Simon Le), écuyer, conseiller au bailliage et présidial d'Orléans, Sgr de Douy. R.
Clermont-Tonnerre (..., marquis de), Sgr de Toury et Muides. N. C.
Coigneux (Jacques-Louis-Guy Le), chevalier, marquis de Belâbre, Sgr d'Oucques. R.
Colas de Malmusse (D^{me} Marie-Louise), veuve de M. Etienne de Brachet, Sgr du Bouchet. R.
Constantin (Charles-Louis de), écuyer, ancien capitaine de grenadiers, chevalier de St Louis, Sgr du fief de la Grossinière.
Constantin (Marc-René de). V. Capelain.
Cosnes (D^{me} ..., veuve de M..... de), dame de la Julinerie. R.
Coudrais (..... des), Sgr de la Poterie. N. C.
Cour de Baleroy (D^{me} Thaïs-Simone-Pauline de la), veuve de M. Etienne, vicomte de Jaucour, marquis de Chantôme, Sgr de Menainville, ancien colonel du régiment de la marine, comme ayant la garde noble de sa fille, damoiselle Anne-Antoinette-Eléonore de Jaucourt. R.
Courbanton (....., marquis de), Sgr de Courbanton, paroisse de Montrieux. N. C.
Courtarvel (1) (René-César, comte de), chevalier, Sgr de Baillou et autres lieux. R.
Courtarvel (Jean-Louis de). V. Faudoüas.
Courtin de Clénord (Claude-Georges). V. Taillevis.
Crémeaux (....., marquis de), Sgr d'un fief en la paroisse d'Ecoman. N. C.
Créquy (D^{me} Anne-Madelaine-Françoise de), veuve de M. André Milon de Mesmes, officier au régiment des Gardes-Françoises, ayant la garde noble de ses enfants mineurs, Sgrs de la Borde, dame de Gençay. R.
Crespin (..... de), Sgr de Billy. N. C.
Crespin (Claude-Valérien de), chevalier de Billy, Sgr de Coudes et autres lieux. R.
Creuzé (D^{me}....., marquise de), dame d'Epiais. N. C.
Croy (Charles-Marie de), chevalier, comte de Croy, Sgr d'Ecueillé.
Cugnot de l'Epinay (Clément), écuyer, Sgr de Motereau et la Moutonnière. R.

---

(1) Le Procès-verbal et le Tableau écrivent Courtalvert.

Cullon (D^me Claude-Louise-Catherine de), veuve de M. du Juglart, capitaine de dragons, chevalier de St-Louis, Sgr de la Queue. R.

D.

Daugny de Vüe (.....), chevalier de St-Louis, Sgr du Bardelet, paroisse de St-Lubin-en-Vergonnois. R.

Delpech (.....), Sgr d'un fief en la paroisse de Villeny. N. C.

Desmée (Louis-Antoine), marquis de la Chenaye, grand-tranchant et porte-cornette-blanche de France, chevalier de St-Louis, Sgr de Rougemont. R.

Desprez de la Bourdonnaye (René-François), écuyer, Capitaine de cavalerie et lieutenant-commandant la Maréchaussée du Blésois. S. d. d. f.

Drouin de Vareilles (Jérôme), écuyer, Sgr de Bouxeuil.

Drouin de Vauléart (Jérôme), écuyer, lieutenant des vaisseaux du Roy, chevalier de St-Louis, Sgr d'Azerie, paroisse de Soings. R.

Druillon (D^me Marie-Françoise), veuve de M. Claude Guérin de Beaumont, chevalier, Sgr de Beaumont et autres lieux. R.

Dudoyen (Claude-Henry), chanoine-prévôt de Mazangey, Sgr haut-justicier, patron et curé primitif de la paroisse de la Chapelle-Vendômoise.

Dufort de Saint-Leu (Jean-Nicolas), comte de Cheverny, introducteur des Ambassadeurs, lieutenant-général du Roy pour les provinces du Blésois, Dunois, Vendômois et bailliage d'Amboise, Sgr de Cheverny.

Dufort (Bernard-Joseph-Marie-Pierre), comte de Cheverny, capitaine de dragons au régiment de Bourbon, gouverneur de la ville de Romorantin, Sgr du Breuil.

Durfort (....., comte de), Sgr de Mennetou-sur-Nahon. N. C.

Duroy (Pierre), baron d'Hauterive, gentilhomme de nom et d'armes, ancien mousquetaire du Roy, Sgr de Fontenailles, la Perrine et autres lieux.

E.

Enfernat (Louis-Joseph-Gaston, marquis de l'), chevalier, Sgr de Marquoy et des Crotteaux.

Epinière (..... de l'), Sgr d'un fief en la paroisse de Villeny (1). N. C.

---

(1) Appartenant probablement à la famille orléanaise des Gauvignon de l'Epinière, qui possédait de grandes propriétés en Sologne.

F.

Fauchet du Canet (Pierre de), écuyer, chevalier de St-Louis, Sgr du Guéret, paroisse de Mareuil. R.

Faucherie (..... de la), Sgr d'un fief à Châteaudun. N. C.

Faudoüas (D^{me} Marie-Anne de), veuve de M. Jean-Louis, marquis de Courtarvel, dame de Lierville. R.

Fieubet (D^{me} Catherine-Henriette de), veuve de M. Mathias-Raoul-de Gaucourt, maréchal des camps et armées du Roy, dame de Beauregard. R.

Fon de la Duye (Michel-François-Marie-Louis de la), écuyer, ancien capitaine de cavalerie au régiment de Berry, Sgr de la Picardière.

Fontenay de la Motte (Louis-César), chevalier, Sgr de la Motte. R.

Fougeroux, ou Fougrioux, de Scéval (André), ancien capitaine des vaisseaux du Roy, brigadier de ses armées navales, chevalier de St-Louis, Sgr du fief de Colliers, paroisse de Muides. R.

Foyal de Donery (D^{me} Marie-Agnès-Michelle-Françoise de), veuve de M. Charles-François de Vezeaux, ancien capitaine au Régiment-Dauphin, cavalerie, Sgr de Rancougne, marquis d'Herbault en Beauce, dame de la Cour-St-Lubin. R.

Français (Philippe-François de), chevalier, Sgr de Saray, demeurant à Villentrois.

France de la Gravière (Jean), écuyer, lieutenant d'infanterie. S. d. d. f.

G.

Gallon (D^{me} Marie-Charlotte de), veuve de M. Charles-François d'Arlanges, ancien lieutenant de dragons, dame du fief de la Chaise. R.

Gats, fils (..... des), Sgr de Bastarde, paroisse de Pruniers. N. C.

Gaucourt (de). V. Fieubet.

Gendre de Villemorien (Philippe-Charles Le), chevalier, Sgr de Luçay.

Girard de Barassi (Charles), conseiller au Grand Conseil, rapporteur de France, conseiller honoraire en la Cour des Aydes de Paris. S. d. d. f.

Glapion de Beaupré (Jean de), écuyer, ancien brigadier des gardes du Roy, chevalier de St-Louis, Sgr de la Ballerie, ou Batterie, et Moussières. R.

Godeau de la Houssaye (Alexandre-François), écuyer, Sgr d'Entraigue, Vic, Balsême et la Moustière.

Gogué de Moussonvillier (Georges-François), ancien sous-brigadier des gardes-du-corps, seigneur-fondateur de Moussonvillier, à cause de dame Rosalie Rémigeault de Montoire, son épouse.

Goislard de Villebresme (Pierre-Jean), écuyer, ancien mousquetaire du Roy, Sgr de Maroville.

Goislard de Villebresme (Thomas-Jacques), écuyer, ancien mousquetaire du Roy, Sgr des grand et petit Biche.

Goislard de Moreville (René-Louis-Julien), écuyer, ancien mousquetaire du Roy, Sgr de Villechèze et Villeneuve.

Grange (..... de la), Sgr de Monneville, paroisse de Villeneuve. N. C.

Grossol (Agésillault-Joseph de), marquis de Flamarens. V. Vigier.

Guérin de Beaumont (Claude). V. Druillon.

Guérin de Beaumont (D^{lle} .....). S. d. d. f. R.

Guérin de Villiers (Charles-François), Sgr de la Ronsière et des grande et petite Villeneuve. R.

Guérineau (Louis), écuyer, Sgr des Chenardières.

Guérineau de la Mérie (Jean-Pierre-François), écuyer, capitaine au corps royal de l'artillerie, Sgr d'Estéauville.

Guérineau (D^{me} ....., veuve de M.), dame des Rivaudières et Lancosme. R.

Guérineau de la Varenne (Maurice-Thomas), écuyer, Sgr de la Varenne. R.

Gueulle (René-Louis de la), Sgr de Coinces. R.

Guigny (....., marquis de), Sgr de la Roche-Bernard, paroisse de St-Denis-les-Ponts. N. C.

Guyon (Jacques-Marie-Cécile), chevalier, Sgr de Montlivault, St-Dyé, Maslives et autres lieux.

Guyon de Diziers (Eléonore-Cécile), ancien lieutenant de vaisseau, Sgr de Diziers.

H.

Hay de Sancé (Etienne-Pierre), écuyer. S. d. d. f.

Hernault de Marmagne (D^{lle} Marie-Thérèse), dame de Champ-le-Roy, paroisse de Pruniers.

Herry de Maupas (Bernard-Gabriel), chevalier, ancien major de dragons, lieutenant pour le Roy de la ville de Blois, chevalier de St-Louis, Sgr du Moulin-Neuf.

Herry de Maupas (D^{me} Louise), veuve de M. Jean-François de la Saussaye, chevalier, lieutenant des chasses de la capitainerie de Cham-

Mahy (D^me Claude-Louise), veuve de M. César-Nicolas Texier de Russy, ancien lieutenant au régiment d'Harcourt, dragons. R.

Mahy (D^lles.....), dames de la Chenaye. R.

Manotte (..... de), Sgr de Méans, paroisse de Selles-Saint-Denis, N. C.

Marcenay de Saint-Prix (François-Etienne de), écuyer, Sgr des Landes et du Coudray en Dunois. R.

Maréchau de la Chauvinière (Alexandre), chevalier, ancien capitaine-commandant au Régiment-Royal, infanterie, chevalier de St-Louis. S. d. d. f.

Maréchau de Corbeil (François-Gabriel), chevalier, ancien capitaine au régiment-Royal, infanterie, chevalier de St-Louis, Sgr de la Chauvinière. R.

Martin de l'Aunay (Jean-Alexandre de) chevalier de St-Louis, Sgr de la Carte. R.

Martin (André de), chevalier de Jartraux, lieutenant au régiment provincial de Châteauroux, Sgr. de la Drevaudière, paroisse de Paulmery.

Masson de Vernou (Jean-Antoine), conseiller au Parlement de Paris, Sgr de la Borde-Vernou, paroisse de Vernou.

Mathefélon (Louis-Honorat de), chevalier, Sgr de la Court de Couffy.

Maupas (D^me..... veuve), dame de la Martinière. R.

Maussabré (Louis-Charles de), ancien mousquetaire du Roy, chevalier de St-Lazare, Sgr de la Bussière. R.

Maussabré (Jean-Isidore de), écuyer, capitaine de dragons, chevalier de St-Louis, Sgr de la Motte-Guittard. R.

Maussabré de Vignoles (..... de), Sgr de la Giboulerie, paroisse de Langé. N. C.

Mayer (..... de) Sgr de Brinon. N. C.

Mazières (Louis des), écuyer, Sgr du Buisson, paroisse St-Florentin-de Vatan. R. (N. C.)

Mazières (Louis-Sulpice des), écuyer, Sgr du fief de Chambon. R.

Meaussé (Jean-David, marquis de), chevalier de St-Louis, Sgr d'Aulnay.

Meaussé de la Rainville (Louis, comte de), chevalier, lieutenant de MM. les maréchaux de France, Sgr de Villebout.

Meaussé de la Rainville (François-Louis-Hubert, vicomte de), capitaine au régiment de Navarre, chevalier de St-Lazare, Sgr de la Rainville.

Menjot (Paul-Philippe-Antoine de), chevalier, Sgr de Beauvais, paroisse de Pontlevoy.

Mesnard (Didier-François René), chevalier, comte de Chouzy, conseiller d'Etat, ministre plénipotentiaire du Roy près le cercle de Franconie, commandeur de la première classe des Ordres royaux du Mont-Carmel et de St-Lazare, Sgr de Chouzy, Pierrefitte et Ouzoüer. R.

Mesnard de Chouzy, fils (Jean-Didier-René), capitaine-commandant au Régiment-Royal, cavalerie, gouverneur de la ville de Courtenay. S. d. d. f.

Michaux d'Arbouville (Marie-François), prêtre, écuyer, Sgr de Villé, paroisse St-Lubin-des-Prés.

Milon de Mesmes. V. de Créqui.

Mollère (Etienne de la), écuyer, commissaire des guerres, chevalier de St-Louis, Sgr de la Perrine, Pruneville, la Jouardière et Grellard.

Mollère, fils (Etienne-Philippe de la), écuyer, ancien chevau-leger de la garde du Roy, Sgr de la Perrine. R.

Montebise (Augustin-Pierre-Bernard de), Sgr de Montault-sur-Loire. R.

Montmorency (Anne-Léon, duc de), premier baron de France, premier baron chrétien, chef des nom et armes de sa maison, prince d'Aigremont, baron libre de l'Empire, duc de Moldavie, comte de Gournay, marquis de Seignelay, connétable héréditaire de la province de Normandie, Sgr de Courtalin-en-Dunois. R.

Moreau de Sachy (Alexandre-Antoine), chevalier, Sgr châtelain de Souesme. R.

Moreau de Brezolles (D^{me} Françoise-Elisabeth), veuve de M. Louis de l'Aiglhoust, chevalier, Sgr de Goinville, dame du Fay. R.

Motte (Louis de la), chevalier, Sgr du Cormier. R.

N.

Noël de Villemblin (..... de), Sgr de la Ribaudière, ou Richardière, paroisse de Mennetou-sur-Nahon. N. C.

Noir (Michel-Pierre-Auguste Le), chevalier, Sgr de Jouy et du Plessis-St-Martin-lès-Blois. R.

O.

O'Donnell (Jacques Bruno), chevalier, Sgr de Corbrandes.

Ornac (..... baron d'). V. Taragon.

Orival (D^me Jeanne-Françoise d'), veuve de M. Louis-Joseph de Pétigny, écuyer, Sgr de la Touche, dame de la Touche-Hersant. R.
Orsane (..... d'), Sgr d'Ouveaux, paroisse de Fontenay. N. C.
Orvilette (D^me..... d'), dame de Moulin. N. C.

P.

Paillard de Clermont (Louis-Auguste de), Sgr d'un fief en la paroisse de Pouillé. N. C.
Pajot de Marcheval (Christophe), chevalier, conseiller du Roy en son Conseil d'État, Sgr engagiste de la paroisse de Millançay, Sgr de Marcheval.
Pallue (..., marquis de la), Sgr de Villesavin. N. C.
Parseval (Pierre-Charles), comte de Briou, chevalier, Sgr de Briou. R.
Pasquet (Jean-Mathieu), chevalier de St-Louis, Sgr de la Revanchère et Jardienat.
Passac (D^lle..... de), dame de Mâchefer, paroisse de Cour-Cheverny. N. C.
Péan (D^me..... de), dame d'Onzain. N. C.
Pestre (Joseph-François-Xavier de), comte de Senef, baron de la Ferté-Bréviande, Sgr de Rety et Caillemont.
Petit (Claude-Louis), écuyer, Sgr du Motheux.
Petit de la Rhodière (François), écuyer, conseiller du Roy, maître honoraire en sa Chambre des Comptes de Blois. S. d. d. f.
Petit de Thoizy (François-Pierre), écuyer. S. d. d. f.
Pétigny (Louis-Joseph de). V. d'Orival.
Phélines (Louis-Jean de), capitaine au corps Royal du Génie, chevalier novice des Ordres de N. D. du Mont-Carmel et de St-Lazare, Sgr de Bois-Benard.
Phélines (André-Etienne-Armand de), écuyer, Sgr des Boules-Valées, paroisse de St-Pélerin. R.
Phélippeaux (Jean-Frédéric, comte de). V. Sturm.
Phélippeaux de Maurepas (D^me...), dame de la Vrillière, paroisse St-Lubin-en-Vergonnois. N. C.
Pierrecourt (..... de), Sgr de la Ferté-Imbault. N. C.
Pinaud (Pierre), Sgr de Bonnefonds et de Chenay. R.
Plessis-Châtillon de Beaujeu (D^me.... de), dame d'Orcheville, paroisse de la Colombe. N. C.

Poisson de Malvoisin (Gabriel), écuyer, maréchal des camps et armées du Roy, chevalier de Saint-Louis, Sgr d'Autreville, au nom et comme tuteur de M. Auguste Poisson de Malvoisin, son fils mineur, Sgr du marquisat de Menars. R. (?)

Pommeret (Nicolas-Marie-Louis), écuyer, Sgr du Chesne et de Montboulan. R.

Ponce (Mathieu-Pierre de la), écuyer, commissaire des guerres honoraire et ancien directeur de l'hôtel des Invalides, chevalier de St-Louis, Sgr des Bordes et du Bois-Roger, paroisse de Pontlevoy. R.

Porte (..... de la), Sgr d'un fief en la paroisse de Lignières. N. C.

Préaux (¹) (..., marquis de), Sgr de la Cour-de-Giez. N. C.

Préaux (..... comte de), Sgr de la Cour-de-Giez. N. C.

Préaux (..... comte de), Sgr d'Ecueillé. R.

Préaux (..... baron de), Sgr de la baronnie de la Fouquetière, paroisse de Luçay-le-Mâl. N. C.

Préville (Jean-Claude-Henry de), chevalier, Sgr de Touchenoire. R.

Préville (Charles-Henry, chevalier de), capitaine de dragons. S. d. d. f.

Prevôt (François-Marie). V. Tabèze.

Prevôt de Chantemerle (Etienne), écuyer, secrétaire du Roy, Sgr de Chantemerle et de Rougemont.

Prunelé (Jules-Honoré, marquis de), Sgr de Molitard et Seillac.

Prunelé (Jules-Henry, baron de), chevalier, lieutenant au régiment des Gardes. S. d. d. f.

Pyvart de Châtulé (François-Marie), Sgr de Châtulé.

R.

Ramazeul (Joseph de), chevalier, Sgr de la Gaudinière. R.

Rangeard (.....), Sgr de la Brosse, paroisse de Thénioux. N. C.

Recoquillé de Bainville (Mathurin-Guillaume), écuyer, conseiller du Roy en sa cour des monnoyes à Paris, Sgr de Fosse-Malitourne. R.

Regnard (Joseph de), chevalier, lieutenant-colonel d'infanterie, chevalier de St-Louis, Sgr de Rilly, le Plessis et la Pagerie.

Regnard (Jean-Baptiste, chevalier de), ancien capitaine de cavalerie, maréchal des logis du corps de gendarmerie, sous le titre de Gendarmes Ecossois, chevalier de St-Louis. S. d. d. f.

(¹) Prononcez Preaux, selon l'usage du Berry. Cette prononciation explique l'orthographe *Prault* du *Tableau général*.

Réméon de Thorigny (Christophe de), ancien capitaine au régiment de Brie, chevalier de l'ordre de St-Lazare, lieutenant de MM. les maréchaux de France au département de Blois, Sgr de Thorigny.

Richemont (D^{lle}..... de), dame d'un fief dans la paroisse de Prunay. N. C.

Riffaudière (..... de la), Sgr de la Riffaudière. N. C.

Rivière (D^{lle}..... de la), dame de Douy. N. C.

Rocque, (baron d'Ornac de la), V. Taragon.

Rodde de Longueville (François-Valérien de), chevalier, ancien garde de la porte, capitaine d'infanterie, chevalier de St-Louis, Sgr de Longueville, paroisse de Pruniers.

Rolland (Charles de), chevalier, Sgr du Grand-Hôtel de Coulanges.

Romé de Vernouillet (Albert-Marie, marquis de), brigadier des armées du Roy, lieutenant de MM. les maréchaux de France, gouverneur de la ville de Rouen et de la citadelle de Château-Porcien. S. d. d. f.

Rullecourt (D^{me}..... de), dame de la Gendronnière. N. C.

S.

Sahuguet d'Amarzit (Jean-Frédéric-Guillaume de), comte d'Espagnac mestre de camp de cavalerie, chevalier de St-Louis, baron de Lussac, Cormeray et autres lieux.

Saint-Chamans (Antoine-Marie-Hippolyte, comte de), lieutenant-général des armées du Roy, gentilhomme d'honneur de M. le comte d'Artois, frère du Roy, Sgr de Frouville et Villetrun.

Saint-Cyr (....., comte de), Sgr d'un fief en la paroisse St-Lubin. N. C.

Saint-Denis (....., comte de). S. d. d. f.

Saint-Denis (Denis, chevalier de), ancien capitaine au régiment d'Orléans, infanterie, chevalier de St-Louis, Sgr du Plessis, paroisse St-Lubin-d'Issigny R.

Saint-Denis (Claude de). V. Trigalet.

Saint-Mars (le commandeur de), Sgr de Tremblevif. N. C.

Saint-Maur (..... de), Sgr de Brinon. N. C.

Saint-Péravy (.....), Sgr de la Couture, paroisse de Villeneuve-sur-Conye. N. C.

Sampagny (....., comte de), Sgr de Villiers, paroisse de St-Julien-de-Chédon. N. C.

Saussaye (Jean-François de la). V. Herry de Maupas.

Saussaye de Verrière (Guillaume-François de la), écuyer, Sgr de Verrière.

Saussaye (François-de-Paule, chevalier de la), capitaine d'infanterie, commandant de la garnison de Chandernagor, chevalier de St-Louis, Sgr de la Chaumelle, paroisse de St-Jean-d'Oucques.
Savare du Moulin (Michel-Jacques-François), écuyer, Sgr du Moulin, fondateur de l'église de Lassay, pour son fief du Moulin de Lassay.
Savare (Joseph), écuyer, Sgr de Beauregard, paroisse de Lassay.
Savare du Moulin (Pierre), écuyer, garde du corps du Roy. S. d. d. f.
Serval (..... de), Sgr d'Olonne, ou Olône, paroisse de Villeneuve-sur-Conye. N. C.
Sourches (....., comte de). S. d. d. f. R.
Sturm (D^{me} Marie-Adélaïde de), veuve de M. Jean-Frédéric, comte Phelippeaux d'Herbault, dame d'Herbault en Sologne. R.

T.

Tabèze (D^{me} Marguerite), veuve de M. François-Marie Prévôt, écuyer. S. d. d. f. R.
Taillevis (D^{me} Antoinette-Madeleine-Gabrielle de), veuve de M. Claude-Georges Courtin de Clénord, chevalier, Sgr de Clénord, au nom et comme tutrice de ses enfants mineurs. R.
Talaru (D^{lle}....., vicomtesse de), dame de la Grand-Cour, paroisse de Civry. N. C.
Taragon (D^{me} Anne-Perrine de), épouse non commune en biens de M. Jean-Jacques de la Rocque, baron d'Ornac, maréchal des camps et armées du Roy, dame de la Rainville et Villodon. R.
Tassin de Charsonville (Charles-François), écuyer conseiller du Roy en tous ses conseils, grand maître des Eaux-et-Forêts d'Orléans, Sgr de Lorges. R.
Texier de Gallery (Alexandre-Augustin), écuyer, ancien capitaine au régiment de la Marche-Prince, aujourd'hui Conti, chevalier de St-Louis. S. d. d. f.
Texier (François-Henry-Pierre), écuyer, Sgr de Russy.
Texier de Santau (Guillaume-François), écuyer. S. d. d. f.
Texier de Russy (D^{me} Claude-Louise). V. Mahy.
Thabaud de Belair (Jacques), écuyer, président-trésorier de France au bureau des Finances de Bourges, Sgr de l'Allemandière. R.
Thabault (Michel-Marc-Antoine de), écuyer, Sgr des Raderets.
Thibault de la Carte (Henry-François), comte de la Ferté-Sennecterre, colonel du régiment du Perche, infanterie, baron de Doulcet et Cigogneaux en Berry, Sgr de Mennetou-sur-Cher. R.

Thiroux d'Ouarville (.....), Sgr de Montigny. N. C.
Tour du Breuil (..... de la), Sgr de Guignon, paroisse de Veüil. N. C.
Tour du Breuil (D^{lle}..... de la), dame de Cornilly, paroisse de Villeherviers. N. C.
Tour (..... de la), Sgr de Savonnières, paroisse d'Ouchamps. N. C.
Throsne (..... Le), Sgr de Rocheux, paroisse de Fréteval. N. C.
Tourtier de Gittoux, ou Gilloux (.....), Sgr de la Lande, pour son fief de St-Cyr-Semblecy. N. C.
Trézim de Cangey (Louis-Marie-Pridal), écuyer, Sgr de Cangey.
Trigalet (D^{me} Marie-Madeleine), veuve de M. Claude de Saint-Denis, chevalier, Sgr du Plessis. R.

V.

Valles d'Ambures ou d'Embures, (François-Denis-Alexandre de), chevalier, ancien chevau-leger de la garde du Roy, Sgr du fief de St-Denis-les-Ponts.
Valles de Longchamps (Olivier-César de), chevalier. S. d. d. f.
Vallois des Gats (.....), Sgr du Grand-Bois, pour son fief de Marcilly-en-Gault. N. C.
Vallois du Vivier (Philippe), écuyer, Sgr de l'Aunay, Picot et Grand-Lu, paroisse de Gièvres.
Vassé (..... de), Sgr de Châtillon-en-Dunois. N. C.
Vendelle (D^{me}..... de), dame de la Pommerie, paroisse de Pruniers. N. C.
Vezeaux (Charles-François de), marquis de Rancougne, chevalier, Sgr d'Herbault en Beauce et de son fief de Landes.
Vezeaux (Charles-François de). V. Foyal.
Vigier (D^{me} Elisabeth-Olimpe Louise-Armande-Félicité de), épouse de M. Agésillault-Joseph de Grossol, marquis de Flamarens, maréchal des camps et armées du Roy, et lieutenant-général de Xaintonge. S. d. d. f. R.
Villebresme (....., chevalier de). S. d. d. f.
Vimeur (Donatien-Marie-Joseph de), vicomte de Rochambault, colonel du régiment Royal-Auvergne, Sgr de Renay et Chêne-Carré. R.
Voré (Jean-Alexandre de), ancien chevau-leger de la garde du Roy, Sgr de la Mérie.

— 19 —

W.

Wissel (Charles-Augustin, baron de), chevalier, ancien capitaine de cavalerie. S. d. d. f.

Signé : Hurault, marquis de St-Denis, président de l'assemblée, et Lavoisier, secrétaire.

Députés de la noblesse des bailliages de Blois et Romorantin :

MM. Alexandre-François-Marie, vicomte de Beauharnois.
Louis-Jean de Phélines.

Suppléant :

M. Antoine-Laurent Lavoisier ([1]).

([1]) Ce fut lui qui, en qualité de secrétaire de l'assemblée, rédigea le cahier de la noblesse.

Lyon. — Impr. de Louis Perrin.